FINANZIELLE FREIHEIT IN IHREN 20ERN ERREICHEN.

SERIE: FINANZIELLE FREIHEIT IN JEDEM ALTER.

FINANZIELLE FREIHEIT IN IHREN 20ERN ERREICHEN

Serie "Finanzielle Freiheit in jedem Alter"
von: D.K. Hawkins
Version 1.1 ~Oktober 2021
Veröffentlicht von D.K. Hawkins bei KDP
Copyright ©2021 by D.K. Hawkins. Alle Rechte vorbehalten.

Kein Teil dieser Publikation darf ohne vorherige schriftliche Genehmigung der Herausgeber in irgendeiner Form oder mit irgendwelchen Mitteln, einschließlich Fotokopien, Aufzeichnungen oder anderen elektronischen oder mechanischen Methoden oder durch ein Informationsspeicher- oder -abrufsystem, vervielfältigt, verbreitet oder übertragen werden, mit Ausnahme sehr kurzer Zitate in kritischen Rezensionen und bestimmter anderer nichtkommerzieller Verwendungen, die durch das Urheberrecht erlaubt sind.

Alle Rechte vorbehalten, einschließlich des Rechts auf vollständige oder teilweise Vervielfältigung in jeder Form.

Alle Angaben in diesem Buch wurden sorgfältig recherchiert und auf ihre sachliche Richtigkeit überprüft. Der Autor und der Herausgeber übernehmen jedoch keine Garantie, weder ausdrücklich noch stillschweigend, dass die hierin enthaltenen Informationen für jede Person, jede Situation oder jeden Zweck geeignet sind, und übernehmen keine Verantwortung für Fehler oder Auslassungen.

Der Leser übernimmt das Risiko und die volle Verantwortung für alle Handlungen. Der Autor kann nicht für Verluste oder Schäden verantwortlich gemacht werden, die sich aus den in diesem Buch enthaltenen Informationen ergeben könnten.

Alle Bilder sind frei verwendbar oder von Stockfoto-Websites erworben oder lizenzfrei für die kommerzielle Nutzung. Ich habe mich bei der Erstellung dieses Buches auf meine eigenen Beobachtungen sowie auf viele verschiedene Quellen gestützt, und ich habe mein Bestes getan, um die Fakten zu überprüfen und die Quellen zu nennen, wo es angebracht ist. Sollte Material ohne entsprechende Erlaubnis verwendet worden sein, kontaktieren Sie mich bitte, damit das Versehen korrigiert werden kann.

Die in diesem Buch enthaltenen Informationen dienen nur zu Informationszwecken und sind nicht als Quelle für Ratschläge oder Kreditanalysen in Bezug auf das dargestellte Material gedacht. Die in diesem Buch enthaltenen Informationen und/oder Dokumente stellen keine Rechts- oder Finanzberatung dar und sollten niemals ohne vorherige Rücksprache mit einem Finanzfachmann verwendet werden, um festzustellen, was für Ihre individuellen Bedürfnisse am besten geeignet ist.

Der Herausgeber und der Autor geben keine Garantie oder andere Versprechen hinsichtlich der Ergebnisse, die durch die Verwendung des Inhalts dieses Buches erzielt werden können. Sie sollten niemals eine Anlageentscheidung treffen, ohne vorher Ihren eigenen Finanzberater zu konsultieren und Ihre eigenen Nachforschungen und Sorgfaltsprüfungen durchzuführen. Soweit gesetzlich zulässig, lehnen der Herausgeber und der Autor jegliche Haftung für den Fall ab, dass sich die in diesem Buch enthaltenen Informationen, Kommentare, Analysen, Meinungen, Ratschläge und/oder Empfehlungen als ungenau, unvollständig oder unzuverlässig erweisen oder zu Investitions- oder anderen Verlusten führen.

Der in diesem Buch enthaltene oder zur Verfügung gestellte Inhalt stellt keine Rechts- oder Anlageberatung dar, und es entsteht keine Beziehung zwischen Anwalt und Mandant. Der Herausgeber und der Autor stellen dieses Buch und seinen Inhalt auf der Basis "wie besehen" zur Verfügung. Die Nutzung der Informationen in diesem Buch erfolgt auf eigene Gefahr.

INHALTSVERZEICHNIS

∎

INHALTSVERZEICHNIS. 4

EINFÜHRUNG. 6

KAPITEL 1. 12

Ist es möglich, in Ihren Zwanzigern ein sechsstelliges Einkommen zu erzielen? 12

KAPITEL 2. 16

Was ist das Geheimnis der finanziellen Freiheit? 16

KAPITEL 3. 22

Was sind Ihre finanziellen Ziele auf lange Sicht? 22

KAPITEL 4. 29

Wie Sie Ihre Ideen und Verhaltensweisen ändern können. 29

KAPITEL 5. 37

Nutzen Sie die 80/20-Regel für Ihre Finanzen. 37

KAPITEL 6. 41

Die Formel für finanziellen Erfolg übernehmen. 41

KAPITEL 7. 48

Finanzielle Vorsätze für Investitionen. 48

KAPITEL 8. 56

Ein Home-Based Business ist die beste Option für Ihre finanzielle Freiheit. 56

KAPITEL 9. 61
Stellen Sie Ihr Mindset auf Erfolg um, um ein 7-stelliges Einkommen zu erzielen. 61
SCHLUSSFOLGERUNG. 67

EINFÜHRUNG.

Unabhängig davon, ob Sie in Ihren Zwanzigern sind, Ihre berufliche Laufbahn in der Unternehmenswelt begonnen haben und über ein festes Einkommen verfügen, wird Sie eine Frage ständig beschäftigen: "Brauchen Sie einen Finanzplan?" Sie fragen sich wahrscheinlich, warum Sie einen brauchen, wenn Ihre Großeltern oder Eltern keinen brauchten.

Die Antwort auf all diese Fragen lautet, dass Sie eine Finanzstrategie brauchen, wenn Sie Ziele haben, da sich die Lebensweise vor 20-30 Jahren drastisch verändert hat. Die Welt hat sich dramatisch verändert, ebenso wie unsere Lebensgewohnheiten. Wir haben jetzt zusätzliche Möglichkeiten, unser Geld auszugeben.

Das Gefühl der finanziellen Unabhängigkeit hat sich abgenutzt. Jetzt ist es an der Zeit, sich Gedanken darüber zu machen, wie Sie Ihr Geld so verwalten können, dass Ihre finanzielle Sicherheit im Berufsleben und im Ruhestand gewährleistet ist. Schließlich möchten Sie, dass Ihr Ziel, Ihr Kleingeld in eine große Summe Geld zu verwandeln, Wirklichkeit wird.

Wie wir alle wissen, sind die menschlichen Wünsche unendlich und grenzenlos. Sie werden sich im Laufe unseres Lebens weiterentwickeln. Um diese Bedürfnisse/Ziele zu erreichen, müssen wir für die Finanzierung sorgen, was durch "Einkommensschaffung" durch Arbeit oder Ersparnisse/Investitionen erreicht werden kann.

Die Finanzplanung ist ein systematischer Weg, um die für die Verwirklichung unserer Ziele erforderlichen Mittel zu beschaffen. Vereinfacht ausgedrückt, bedeutet Finanzplanung, die in Geld ausgedrückten Lebensziele durch umsichtiges Finanzmanagement zu erreichen.

Es handelt sich um eine systematische Technik, bei der der Finanzplaner die vorhandenen finanziellen

Ressourcen des Kunden maximiert, indem er die am besten geeigneten Finanzplanungsinstrumente und Anlageinstrumente einsetzt, um die finanziellen Ziele des Kunden zu erreichen.

Dies ist eines der Dinge, die nur wenige Menschen in Betracht ziehen. Es ist jedoch wichtig, dies zu tun, da es unser Leben einfacher machen kann, da wir die Zukunft nicht vorhersehen können. Wenn wir also heute mit der Planung unserer finanziellen Zukunft beginnen, können wir sehen, wie sich unsere finanziellen Ambitionen manifestieren.

Die Finanzplanung ist die relevanteste und kundenorientierteste Methode der Finanzberatung. Sie ist die praktischste Methode, um Geldströme den vielen Lebenszielen einer Person zuzuordnen. Kaufen Sie also eine Immobilie, ein Auto, oder machen Sie Urlaub. Welche Ziele Sie auch immer vor Augen haben, die Finanzplanung kann Ihnen helfen, sie zu erreichen.

Die Aufgabe der Finanzplanung besteht darin, dafür zu sorgen, dass einem Anleger zum richtigen

Zeitpunkt die richtige Menge Geld zur Verfügung steht, damit er seine verschiedenen Lebensziele erreichen kann.

Jede Person, die Geld verdient, sollte planen, was eine große Verantwortung zu sein scheint. Daher ist ein kompetenter Finanzplaner erforderlich, der Sie bei der Wahrung Ihrer finanziellen Unabhängigkeit unterstützt.

Die Zeit steht niemals still. Wenn Sie älter werden, ändern sich Ihre Bedürfnisse und die Ihrer Familie. Auch das Umfeld, in dem Sie sich befinden, wird sich ändern. Es werden sich neue Anlagemöglichkeiten ergeben. Einige frühere Investitionen sind vielleicht nicht mehr sinnvoll oder müssen im Laufe der Zeit aktualisiert werden.

Eine Person in ihren Zwanzigern wird mit dem Eintritt in ihre Dreißiger ganz andere Anforderungen haben. Ein Finanzplan ist wichtig, aber nicht ausreichend, wenn Sie in Zukunft ein relativ stressfreies Leben führen wollen.

Die obige Debatte läuft darauf hinaus, dass Sie mit der Finanzplanung in Ihren frühen Zwanzigern beginnen sollten. Es gibt keinen besseren Zeitpunkt als die Zwanziger, um damit zu beginnen, Ihr Geld für Sie arbeiten zu lassen, Ihrem Leben eine Richtung zu geben und Sie beim Erreichen Ihrer Lebensziele zu unterstützen. Ich werde Ihnen Gründe für eine Finanzplanung liefern, die Ihnen in allen Lebensabschnitten helfen wird.

Indem Sie in Ihren Zwanzigern solide Ausgaben- und Spargewohnheiten entwickeln und Geld für die Dinge sparen, die Ihnen wichtig sind, werden Sie zweifellos einen beträchtlichen Notgroschen anlegen, den Sie im Notfall und im Ruhestand nutzen können.

Das alte Sprichwort "Ein gesparter Pfennig ist ein verdienter Pfennig" wird auf Sie zutreffen, wenn Sie eine solide Finanzplanung und Sparmaßnahmen durchführen. Die Finanzplanung gibt Ihnen auch die Orientierung, die Sie brauchen, um intelligente finanzielle Entscheidungen zu treffen, die sicherstellen, dass Sie kostspielige Fehler vermeiden und die Vorteile für den Rest Ihres Lebens ernten.

Wie das Sprichwort sagt: "Der reiche Mann plant für morgen, der arme Mann plant für jetzt"; fangen Sie also an, für morgen zu planen wie ein reicher Mann und vermeiden Sie es, ein armer Mann zu sein.

Viel Spaß beim Lesen

KAPITEL 1.

Ist es möglich, in Ihren Zwanzigern ein sechsstelliges Einkommen zu erzielen?

In dieser Welt gibt es keine Standardmethode zum Geldverdienen mehr. Die Menschen der Generation unserer Eltern waren eher der Meinung, dass man einen soliden Job bekommen sollte, indem man die Universität besucht und sich die Karriereleiter hinaufarbeitet. Auf diese Weise kann man schließlich genug Geld verdienen, um eine Zukunft zu sichern, in der man mehr für den Ruhestand sparen kann als in den Zwanzigern.

Der Schlüssel zu einem hohen Einkommen im sechs- oder siebenstelligen Bereich liegt darin, die Macht des Internets zu nutzen.

Ein rezessionssicheres Geschäft, in dem Millionen von Menschen entdecken, dass eine Welt des Wohlstands auf sie wartet, indem sie online Geld verdienen. Die Freiheit und der Lebensstil, die mit dem Besitz eines eigenen, hoch automatisierten Unternehmens einhergehen, sind das Verkaufsargument für so viele junge Unternehmer in ihren Zwanzigern, die das Leben genießen wollen, ohne in ihrem 9-bis-5-Job an einen Schreibtisch gebunden zu sein.

Wie verdienen diese jungen Anwärter also ihr Geld, und ist es sicher?

Es gibt viele verschiedene Möglichkeiten, online Geld zu verdienen. Einige sind für Anfänger recht effektiv, während andere weniger effektiv sind und sich eher für erfahrene Internet-Vermarkter eignen. Die vier wichtigsten Möglichkeiten, im Internet Geld zu verdienen, fallen unter die folgenden Kategorien:

1. Partnerschaftsmarketing.

2. Dateneingabe und Fragebögen.

3. Multi-Level-Marketing (MLM) oder Netzwerk-Marketing.

4. Direktverkauf.

Beim Affiliate-Marketing werden die Produkte einer anderen Person gegen eine kleine Provision verkauft, die oft bei 30 Dollar liegt. Wenn Sie also nachrechnen, werden Sie feststellen, dass für ein beträchtliches Einkommen ein hohes Kaufvolumen erforderlich ist. Deshalb funktioniert es am besten, wenn Sie bereits eine große Abonnentenliste haben, und sollte als Ergänzung zu Ihrem Haupteinkommen betrachtet werden.

Sie müssten extrem hart arbeiten, um sechs- oder siebenstellige Beträge mit dem Verkauf von Produkten anderer Leute zu verdienen, und wie man in unserer Firma sagt, geht es darum, intelligenter zu arbeiten, nicht härter. Dateneingabe und Umfragen sind nicht der beste Weg, um Ihre finanziellen Ziele zu erreichen; Sie tauschen effektiv Ihre Zeit gegen Geld ein, sie sind etwas eintönig, und Sie könnten sogar auf

Betrüger stoßen, die Ihre Zeit verschwenden, Sie aber nicht bezahlen!

Viele Menschen, die online nach Möglichkeiten für Heimarbeit suchen, werden sicherlich MLM- oder Direktvertriebsmöglichkeiten verfolgen. Mit dieser Methode erzielen Internet-Vermarkter auf der ganzen Welt enorme Einkünfte, und die meisten Erfolgsgeschichten sind hier zu finden.

Der Nachteil des MLM-Marketings besteht darin, dass Ihr Einkommen nicht immer garantiert ist, denn wenn Mitglieder Ihrer Upline oder Downline das Unternehmen verlassen, wirkt sich das natürlich auf Ihr Einkommen aus.

Der Direktvertrieb, vor allem von hochpreisigen Produkten, die erhebliche Provisionen von 1000 bis 2000 Dollar direkt auf Ihr Bankkonto zahlen, ist die bevorzugte Methode von Internet-Vermarktern, die finanzielle Unabhängigkeit anstreben. Dieser Weg ist nicht von Ihrem Team abhängig, und es ist möglich, sehr schnell große

Geldsummen zu verdienen, selbst wenn Sie keine umfangreiche Abonnentenliste haben.

KAPITEL 2.

Was ist das Geheimnis der finanziellen Freiheit?

Die grundlegende Formel für finanziellen Erfolg ist einfach: weniger ausgeben als man einnimmt und den Rest investieren. Außerdem sollten Sie Einkommenszuwächse kontinuierlich reinvestieren.

Es scheint so einfach zu sein, aber warum sind die meisten Menschen arm?

Vielleicht sind sie unsicher, wie und wo sie umsichtig investieren sollen?

Oder liegt es daran, dass ihnen niemand zum Sparen geraten hat?

Das ist nicht der Fall. Wir alle haben schon von Sparmaßnahmen gehört, waren aber enttäuscht, als wir sie ausprobiert haben - eine weitere Theorie, die auf meine Arbeit nicht zutrifft. Und wie kann ich sparen, wenn ich gerade genug Geld habe, um mein nächstes Gehalt zu bezahlen?

Was auch immer wir verdienen, die Menge an Geld, die am Ende des Monats übrig bleibt, spiegelt unsere Fähigkeit wider, unser Kapital zu vermehren. In der Tat ist dies alles, was wir verdient haben, und andere haben alles verdient, was wir ausgegeben haben. Sie mögen anderer Meinung sein, aber der wichtige Wert ist die Summe Ihres erworbenen Kapitals, abzüglich Ihrer Schulden.

Wenn Sie glauben, dass das, was Sie verdienen, "vernünftig" ist, aber nach Abzug der Schulden nur ein kleiner Teil des Kapitals übrig bleibt, dann hat jemand anderes Ihr verdientes Geld erfolgreich genutzt.

Was ist wertvoller: eine gut bezahlte Anstellung oder die Gründung eines eigenen Unternehmens?

Sollten Sie weiter für jemand anderen arbeiten oder sich selbständig machen? Das hängt ganz von Ihren individuellen Umständen ab, und wenn wir schon beim Thema Einkommen sind: Es gibt zwei Arten: aktives und passives Einkommen. Aktives Einkommen wird erzielt, wenn Sie für Ihre Arbeitszeit entlohnt werden. Wenn Sie arbeiten, erhalten Sie Geld. Wenn Sie nicht arbeiten, erhalten Sie auch nichts.

Passives Einkommen wird erzielt, wenn Ihre Zeit und Ihr Einsatz mehrfach vergütet werden. Ein Beispiel: Der Autor hat innerhalb von zwei Jahren einen Roman fertiggestellt. Das Buch wurde jedoch ein Erfolg, und er wird aufgrund seines zweijährigen Engagements viele Jahre lang ein Einkommen erhalten.

Auch das Investieren schafft passives Einkommen. Wenn Sie Ihr aktives Einkommen umsichtig anlegen, können Sie sich eine passive Einkommensquelle schaffen. Auch Ihr eigenes Unternehmen kann passives Einkommen generieren, allerdings nur, wenn Sie ein Geschäftssystem aufbauen, das unabhängig von Ihrem direkten Zutun funktioniert.

Die meisten Personen, die ein Unternehmen gründen, tun dies, um sich eine Karriere aufzubauen. Sie sind nicht angestellt. Ihr Unternehmen stellt sie ein. Bedenken Sie auch, dass 80 Prozent der kleinen Unternehmen in den ersten fünf Jahren scheitern.

Für diejenigen, die keine langfristige Zukunft in der Anstellung sehen, nicht bereit sind, ein großes Risiko einzugehen, oder denen es an kreativen Geschäftsideen mangelt, gibt es die Möglichkeit, sich an etablierte Unternehmenssysteme wie das Netzmarketing anzuschließen.

Dies ist eine weitere, für jedermann zugängliche Methode zur Erzielung eines passiven Einkommensstroms. Sie müssen nur eine seriöse Organisation mit einer Erfolgsbilanz und einer ausgezeichneten Ausbildungsstruktur finden, die es Ihnen ermöglicht, von führenden Persönlichkeiten und nicht von durchschnittlichen Akademikern zu lernen.

Warum wird so viel Wert auf passives Einkommen gelegt? Weil sie Sie befreien können.

Was bedeutet es, Sie zu "befreien"? Für den Begriff "Freiheit" gibt es eine Fülle von Definitionen. Meine bevorzugte Definition von Freiheit lautet wie folgt: Freiheit = Zeit plus Geld. Wenn Sie genug Zeit, aber nicht genug Geld haben, können Sie nicht wählen, was Sie tun oder wohin Sie gehen wollen. Wenn Sie Geld haben, aber nicht die nötige Zeit, sind Sie immer noch nicht frei.

Finanzielle Freiheit ist der einzige Weg zu wahrer Freiheit. Finanzielle Unabhängigkeit ist dann erreicht, wenn Ihr passives Einkommen es Ihnen ermöglicht, den Lebensstil zu führen, den Sie sich wünschen. Dann können Sie nur arbeiten, wann und so viel Sie wollen. Ist das nicht unglaublich?

Das Problem ist, dass es den meisten Menschen unpraktisch erscheint. Das ist das Ergebnis eines Mangels an Selbstdisziplin unsererseits. Es scheint ein Selbstbedienungsrestaurant im Leben zu sein: Jeder, der jetzt an der Spitze der Schlange steht, stand früher am Ende der Schlange.

Die meisten Menschen wechseln häufig die Schlange, in der Regel bevor sie die Mitte der Warteschlange erreichen. Sie werden es nie bis zur ersten Reihe schaffen, wo die köstlichsten Backwaren verpackt sind.

Die Voraussetzung für finanziellen Erfolg ist ganz einfach. Je eher Sie sich Gewohnheiten für das Kapitalwachstum aneignen, desto eher werden Sie die Früchte des finanziellen Erfolgs ernten.

Wo soll man anfangen?

Einer der Gründe, warum die meisten Menschen nicht wohlhabend werden, ist, dass sie keine klare Vorstellung davon haben, was ein Vermögen ausmacht. Das heißt, es fehlt ihnen ein klar definiertes Ziel. Machen Sie sich klar, dass es äußerst schwierig ist, etwas zu erreichen, bei dem Sie sich nicht sicher sind. Deshalb sollten Sie mit Ihren langfristigen Zielen beginnen.

KAPITEL 3.

Was sind Ihre finanziellen Ziele auf lange Sicht?

Es ist wichtig, eine klare Antwort auf diese Frage zu geben, da unser leistungsfähigster Computer, das Unterbewusstsein, keine Zahlen verstehen kann. Es braucht eine klare visuelle Darstellung. Kein Wunder, dass Donald Trump, der berühmte Multimillionär, sagte: "Wenn meine Vorstellungskraft es sich klar vorstellen kann, muss es auch machbar sein."

Bevor man langfristige Ziele verfolgt, sollte sich jeder Einzelne um seine finanzielle Sicherheit kümmern. Finanzielle Stabilität hängt von zwei Faktoren ab: Lebens- und Berufsunfähigkeitsversicherungen und dem Aufbau eines "finanziellen Puffers".

Was ist mit dem Begriff "finanzielles Polster" gemeint? Das ist der Geldbetrag, den Sie sicher aufbewahren, um die wichtigsten Kosten Ihrer Familie für 6-24 Monate zu decken, falls Sie unerwartet Ihre Einkommensquelle(n) verlieren.

Jeder glaubt: "Das wird mir nie passieren", aber es passiert oft doch. Bedenken Sie auch, wie viel beruhigender es für einen Menschen ist, wenn er weiß, dass er, falls nötig, genügend Zeit hat, um eine andere Stelle zu finden oder sogar den Beruf zu wechseln. Sie müssen dieses Geld ungenutzt lassen und dürfen es nicht verspielen.

Es ist nicht ratsam, diese Gelder auf einem Bankkonto oder in einem Bankschließfach zu Hause aufzubewahren. Lebens- und Berufsunfähigkeitsversicherungen sind natürlich wichtig, um die Menschen zu schützen, die Ihnen am nächsten stehen. Das sollte Ihr erstes finanzielles Ziel sein.

Ist Sparen ein gangbarer Weg zur Selbstbereicherung, wenn man nur einen Teil seines Einkommens spart?

Nachdem Sie für finanzielle Sicherheit gesorgt haben, können Sie entscheiden, wie Sie Ihr Kapital vermehren wollen. Die erste Entscheidung, die Sie treffen müssen, ist die, wie viel von Ihrem Geld Sie sich selbst auszahlen wollen. Das heißt, wie viel Prozent Ihres monatlichen Gehalts Sie sparen werden. Es gibt jedoch ein Problem. Wie kann ich bestimmen, wie viel Geld ich jeden Monat einbehalten will? Denn die finanziellen Verhältnisse ändern sich von Monat zu Monat, und manchmal bleibt nichts übrig.

Die Antwort ist einfach: Bezahlen Sie zuerst sich selbst, wenn Sie einen Gehaltsscheck erhalten! Das bedeutet, dass Sie, sobald Ihr Einkommen auf Ihrem Konto eingeht, einen Teil davon auf ein spezielles Sparkonto einzahlen sollten.

Das allein reicht nicht aus, denn die meisten Menschen können der Versuchung nicht widerstehen, das Geld auszugeben, und ihre Disziplin wird verletzt.

Sie zahlen nicht selbst, weil sie glauben, im nächsten Monat doppelt so viel zu sparen. Im nächsten Monat wiederholt sich die Geschichte, und der Einzelne fühlt sich schließlich machtlos, diesen Teil seines Plans zu erfüllen.

Um dies zu vermeiden, müssen Sie diesen Prozess automatisieren. Wenn Sie zum Beispiel Ihr Gehalt am zehnten eines jeden Monats erhalten, richten Sie eine automatische Überweisung auf Ihr Sparkonto am elften ein.

Stellen Sie sich vor, was passieren würde, wenn ein 19-jähriger junger Mann jeden Monat 250 US-Dollar für sich selbst zurücklegen würde. Jedes Jahr würde er 3000 US-Dollar sparen! Raten Sie bitte, wie viel Vermögen er als 65-Jähriger anhäufen wird, wenn er das Geld bis zu diesem Alter nicht verwendet und es in Finanzanlagen investiert, die eine durchschnittliche jährliche Rendite von 10 % abwerfen?

Die Antwort lautet: 1,5 Millionen Dollar in den Vereinigten Staaten. Das Ergebnis ist in der Regel bemerkenswert, weil der Zinseszins einsetzt, wenn man jeden Monat Geld spart und es investiert.

Wenn Sie sich mit dem Thema Geldanlage nicht auskennen, können Sie sich an den für das Marketing von Anlageprodukten zuständigen Mitarbeiter Ihrer Bank wenden. Wählen Sie einen Verwalter, der Sie nicht überfällt, indem er Ihnen den einen oder anderen Fonds empfiehlt, ohne Ihre langfristigen Anlageziele zu klären.

Ein guter Verwalter sollte Ihnen bei der Entwicklung einer Anlagestrategie behilflich sein, die auf Ihre spezifischen Ziele und persönlichen Eigenschaften, wie z. B. Ihre Risikobereitschaft, zugeschnitten ist. Bedauerlicherweise verhält sich das Management der meisten Banken heutzutage wie ein durchschnittlicher Verkäufer. Sie haben ein Produkt und suchen nach Möglichkeiten, es zu verkaufen.

Dies ist jedoch keine Rechtfertigung dafür, auf das Sparen zu verzichten. Es lohnt sich nicht, das Verfahren zu beschleunigen. Nehmen Sie sich Zeit und konzentrieren Sie sich darauf, den perfekten

Spezialisten zu finden, der sich auf Ihre spezifischen Bedürfnisse als Kunde konzentriert.

Zusammengefasst:

1. Legen Sie fest, wie viel von Ihrem Verdienst Sie selbst bezahlen wollen.

2. Kümmern Sie sich zuerst um sich selbst. Danach entschädigen Sie andere.

3. Automatisieren Sie den Prozess.

Heißt das, dass in den meisten Fällen jeder Einzelne nach und nach reich werden kann?

Wenn ich alles zusammenfassen müsste, würde ich sagen, dass die meisten Menschen nie wohlhabend werden, weil sie ihr Leben nicht wie ein Unternehmen strukturieren, das am Ende eines jeden Jahres Gewinne erwirtschaften muss.

Wir haben uns nicht mit spezifischen, kapitalintensiven Taktiken wie dem aktiven Handel an der Börse, dem Optionshandel oder anderen Methoden beschäftigt. Dieses KAPITEL konzentrierte sich in erster Linie auf Ideen und Gewohnheiten, die dafür verantwortlich sind und sich ändern können.

Nachdem wir einige Verhaltensweisen geändert haben, werden wir Zugang zu größeren Geldsummen erhalten. Außerdem werden wir auf neue Schwierigkeiten vorbereitet sein, und wenn ein Schüler bereit ist, wird der Lehrer immer erscheinen!

KAPITEL 4.

Wie Sie Ihre Ideen und Verhaltensweisen ändern können.

Erwachsene in ihren Zwanzigern werden mit außergewöhnlichen persönlichen Problemen konfrontiert. In der Lage, unsere eigenen Entscheidungen zu treffen, sind wir oft von Angst und Unsicherheit gelähmt.

Wenn sie jedoch bereit sind, ihre Vorstellungen und Verhaltensweisen zu ändern, haben alle "Zwanzigjährigen" die Möglichkeit, sich ein gesundes, glückliches und unabhängiges Leben aufzubauen. Das bedeutet, bewusst zu leben, anstatt passiv darauf zu warten, dass jemand anderes den nächsten Schritt bestimmt.

1) Sei du selbst.

Es gibt keine Ausnahmen. Achten Sie auf das Gefühl des Wissens, das in Ihnen existiert, und handeln Sie in seinem Namen. Es gibt Personen, Orte und Berufe, die Sie zum Leben erwecken werden. Ihr Ziel ist es, sie im Dienste Ihrer Leidenschaften zu maximieren.

Wenn das Wissen, das Sie in sich tragen, Sie mit Freude erfüllt, gibt es wirklich kein besseres Gefühl auf der Welt. Stellen Sie sich vor, Sie würden täglich mit einem solchen Maß an Freiheit, Komfort und Lebendigkeit leben.

Wie wunderbar wäre das?

Was für ein Leben könnten Sie führen?

2) Übernehmen Sie finanzielle Verantwortung.

Legen Sie fest, wie viel Geld Sie wann verdienen werden. Sie sollten sich darüber im Klaren sein, wie viel Geld Sie ausgeben und für was.

Ist das alles in Einklang zu bringen?

Mit einer einzigen Online-Suche finden Sie viele kostenlose und einfache Strategien, um Ihr Budget auszugleichen.

Die Angst vor einer finanziellen Notlage ändert nichts an der Realität; sie lähmt Sie nur und schafft zusätzliche Probleme. Wenn Sie wissen, was Sie besitzen und was Sie schulden, können Sie umsichtige finanzielle Entscheidungen treffen.

3) Außerschulische Aktivitäten sind nicht optional!

Spielen ist ein notwendiger Bestandteil eines gesunden und glücklichen Lebens. Jeder Mensch braucht und verdient Zeit für Entspannung und Vergnügen. Ob Sie nun in den Bergen, am Strand, im Theater oder in einem Café in der Nachbarschaft auftreten. Das Wichtigste ist, dass man rausgeht und spielt.

Auf dem Weg zum beruflichen Erfolg wird ein großer Teil (wage ich zu sagen: alles) unserer Aufmerksamkeit auf arbeitsbezogene Aktivitäten, Professionalität, Reife und ständiges Lernen gelenkt.

Das ist alles gut und schön, aber um das Beste aus sich herauszuholen, muss man sich nicht 24 Stunden am Tag der Arbeit widmen. Oft sind es die Stunden in der Freizeit, die uns am meisten Freude bereiten. Wir alle tragen etwas Nützliches zur Welt bei; wenn wir dies mit Freude tun, können wir unseren Beitrag verbessern.

4) Bauen Sie einen "Joint" auf.

Als Mittzwanziger sind Sie wahrscheinlich an einem neuen Ort oder erleben denselben Ort auf eine neue Weise. Es kann zwar verlockend sein, darauf zu warten, dass sich Gelegenheiten ergeben, aber nichts führt mit größerer Wahrscheinlichkeit ins Unglück.

Bauen Sie Ihr neues Leben aktiv auf; werden Sie ein "Mitmacher". Suchen Sie sich eine Gruppe von Menschen, die Sie vermissen werden, wenn Sie nicht anwesend sein können. Beginnen Sie damit, Ihren Interessen nachzugehen. Wenn Sie sich einer berufsbezogenen Gruppe anschließen können, wäre das fantastisch. Wenn eine Freizeitorganisation Ihren Namen ruft, ist das ebenfalls fantastisch. Die effektivste Methode, sich das Glück zu sichern, ist, dafür zu arbeiten! Tun Sie es.

5) Erweitern Sie Ihre Horizonte

Wenn die Dinge nicht gut laufen, ändern Sie Ihre Perspektive. Ändern Sie Ihre Denkweise - ist das eine Chance? Ist es mir möglich, meine Einstellung zu ändern? Eines ist sicher: Wenn Sie sich selbst, Ihren Freunden oder Ihrer Familie immer wieder dieselbe rührselige Geschichte erzählen, könnten Sie sich einreden, dass dies die einzige Möglichkeit ist, die Situation zu betrachten.

Um ehrlich zu sein, es gibt Millionen von zusätzlichen Perspektiven, aber Sie müssen vielleicht einen großen Schritt zurückgehen, um sie zu bekommen. Die Welt wird tun, was ihr gefällt. Es ist besser, Ihren akzeptablen Bereich zu erweitern und

Ihre Anpassungsfähigkeit zu maximieren, als Ihr Glück auf Zeiten zu beschränken, in denen alles so ist, wie Sie es wünschen.

6) Riskieren Sie etwas.

Ich plädiere nicht für rücksichtslosen, kurzfristigen Gewinn auf Kosten langfristiger Leidensgefahren.

Welche Risiken sind Sie bereit, einzugehen?

Gehen Sie diese für sich selbst ein, um Ihres Wunsches willen.

Was ist Ihre LEIDENSCHAFT im Leben?

Finden Sie eine Methode, um sie in Ihre tägliche Routine einzubauen. Es wird nie einen Tag geben, an dem Sie weniger Pflichten haben als jetzt.

Gehen Sie schon früh im Leben Risiken ein; warten Sie nicht, bis Sie ausgebrannt sind, um Ihr Ziel wieder aufleben zu lassen. Verteidigen Sie Ihre

Leidenschaften und Träume. Bereiten Sie sich finanziell, gesellschaftlich und emotional auf Ihre Risikobereitschaft vor. Sichern Sie sich die Unterstützung, die Sie brauchen, um Ihr Ziel zu erreichen und weitgehend zu leben.

7) Denken Sie daran, dass heute Ihr Tag ist.

Alles in Ihrem Leben geschieht mit Ihrer Erlaubnis - von den unangenehmsten Kreditkartenrechnungen über die nicht ganz so ideale Wohnung bis hin zu dem Freund, der bei jeder Gelegenheit jammert. Jeden Tag erschaffen Sie Ihr Universum durch Ihre Gedanken, Worte und Taten. "Ich habe diesen nervtötenden 40/60/80-Stunden-Job angenommen, um mich vor dem Verhungern zu schützen" ist keine Art, jeden Morgen aufzustehen.

"Ich habe eine feste Anstellung gefunden, die es mir ermöglicht, meine Schulden zu tilgen und mit 26 Jahren finanziell frei zu sein" fördert ein konstruktiveres Umfeld und öffnet die Tür zu weiteren hervorragenden Möglichkeiten. Dieser

Optimismus ermöglicht es Ihnen, sich auf zukünftige Ziele, Leidenschaften und Wünsche zu konzentrieren.

Sie sind der Schöpfer Ihres Universums; sorgen Sie dafür, dass es die Welt ist, die Sie sich wünschen.

Was ertragen Sie und warum?

Was wäre anders, wenn Sie bereit wären, sich diesen Problemen zu stellen?

Was könnte die Quelle Ihres Glücks sein?

Wir alle haben das Glück verdient. Was ist Ihr erster Schritt, um es für Sie Wirklichkeit werden zu lassen?

KAPITEL 5.

Nutzen Sie die 80/20-Regel für Ihre Finanzen.

Die 80-20-Regel, im Volksmund auch als Pareto-Prinzip bekannt, ist vielleicht eine der bekanntesten Finanzmanagementstrategien, die es den Menschen ermöglicht, sich auf die wichtigen Dinge zu konzentrieren und mehr zu erreichen.

Diese Regel besagt, dass 80 Prozent des Gesamtergebnisses mit nur 20 Prozent des Arbeitsaufwands erzielt werden sollten. Das bedeutet auch, dass achtzig Prozent Ihrer Bemühungen nur zwanzig Prozent Ihrer Endergebnisse bewirken. Wie können Sie also die Regel für Ihre persönliche finanzielle Freiheit umsetzen?

Jeder Mensch hat eine andere Lebenssituation. Jeder lebt einen anderen Lebensstil, und praktisch jeder hat sein eigenes Ausgabeverhalten. Daher könnte sich die Anwendung der 80-20-Regel in Ihrem Szenario extrem von den Menschen um Sie herum unterscheiden.

Nehmen wir an, wir versuchen, ein persönliches Budget zu erstellen, um finanzielle Freiheit zu erlangen. In diesem Fall sollten Sie sich in erster Linie auf die Bereiche Ihrer Ausgaben konzentrieren, die die höchsten Ausgaben aufweisen.

Diese Sammlung von Ausgaben würde normalerweise Ihre achtzig Prozent ausmachen. Oft wird uns gesagt, dass wir bei den täglichen Ausgaben wie Mittagessen und Kaffee sparen sollen, aber in Wirklichkeit sind das Dinge, bei denen Sie Pfennigbeträge sparen können, und sie liegen normalerweise im Bereich von zwanzig Prozent.

Zu den Hauptkategorien der persönlichen Ausgaben und dem Achtzig-Prozent-Bereich gehören im Allgemeinen die Wohnungsausgaben, der Betrieb eines oder zwei Fahrzeuge und die persönlichen Schulden. Bevor Sie die 80-20-Regel anwenden, sollten Sie diese wichtigen Ausgabenkategorien analysieren, um sofortige Lösungen zur Reduzierung der Ausgaben zu finden.

Ein Beispiel wäre die Aufnahme eines Mitbewohners, da dies die Ausgaben für die Wohnung erheblich reduzieren würde. Unter Umständen können Sie Ihre Wohnkosten oder die Miete auf die Hälfte der derzeitigen Ausgaben senken.

Eine weitere Möglichkeit wäre die Bildung von Fahrgemeinschaften. Dieses Konzept gibt es schon seit langem. Viele Menschen früherer Generationen bestanden darauf, auf diese Weise zur Arbeit und zurück zu fahren.

So können Sie Geld für Benzin, Mautgebühren und Parkgebühren sparen. Sie können auch verlangen, dass jeder, der mit Ihnen reist, sich an den Kosten des Fahrzeugs beteiligt, indem er jedes Mal, wenn er in Ihrem Auto mitfährt, Geld gibt.

Persönliche Schulden sind oft einer der größten Ausgabenbereiche. Sie profitieren erheblich, wenn Sie Ihre Schulden vollständig abbezahlen oder große

Beträge tilgen können, sobald sie verfügbar sind. Auf diese Weise können Sie bei den Zinszahlungen Geld sparen und Ihre Schulden schneller abbezahlen als im ursprünglichen Kreditvertrag vorgesehen.

Prüfen Sie vorher Ihren Vertrag, wenn Sie dies vorhaben, denn manche Kredite enthalten eine Vorfälligkeitsentschädigung. Gelegentlich wird eine Strafgebühr erhoben, wenn Sie Ihre Schulden vorzeitig zurückzahlen.

Wenn Sie die 80/20-Regel auf Ihr Budget und Ihre täglichen Ausgaben anwenden können, werden Sie feststellen, dass finanzielle Unabhängigkeit nicht schwer zu erreichen ist. Es erfordert nur etwas Voraussicht und Ausdauer. So stellen Sie sicher, dass Sie alles tun, um unnötige Kosten zu vermeiden.

KAPITEL 6.

Die Formel für finanziellen Erfolg übernehmen.

Warum ziehen manche Menschen den Reichtum wie ein Magnet an, während andere dazu bestimmt sind, ein mittleres Einkommen zu erzielen oder ungeachtet ihrer Bemühungen von Gehaltsscheck zu Gehaltsscheck zu leben?

Nach Angaben der reichsten Menschen der Welt wird der finanzielle Erfolg zu 80 % von menschlichen Vorstellungen und Einstellungen bestimmt. Im Vergleich dazu machen das Wissen und die Fähigkeiten, Geld zu verdienen, nur 20 % aus. Es wäre zwar ein Irrtum anzunehmen, dass Wissen in diesem Szenario nutzlos ist, aber Menschen generieren Geld nicht allein auf der Grundlage ihres Wissens.

Geldbezogene destruktive Gedanken wie "kein Geld gewinnt" oder "mit ehrlichen Mitteln kein Geld verdienen" lauern in unserem Unterbewusstsein und hindern uns daran, die besten Möglichkeiten zum Erwerb weiterer Mittel zu haben. Obwohl wir uns dessen oft nicht bewusst sind, folgen wir diesen Überzeugungen und erhalten die Ergebnisse, weil unsere Überzeugungen und Gedanken uns direkt beeinflussen.

Was macht Sie also wohlhabend?

Thomas J. Stanley führte eine Umfrage unter 733 Multimillionären durch und befragte sie. In der Studie wurden die Befragten gebeten, die 30 wichtigsten Eigenschaften zu nennen, die ihrer Meinung nach am meisten zu ihrem Erfolg beigetragen haben.

Um die Statistiken zusammenzufassen, wurden die ersten fünf wichtigsten Faktoren wie folgt genannt (in Klammern ist der Prozentsatz der Befragten angegeben, die jeden Punkt genannt haben):

1. Rücksichtnahme auf andere (57 Prozent).

2. Selbstbeherrschung (57 Prozent).

3. Fähigkeit, sich mit anderen zu einigen (56 Prozent).

4. Ein Partner, der sich in Sie hineinversetzt und Sie unterstützt (49 Prozent).

5. Die Fähigkeit, fleißiger zu arbeiten als andere (47 Prozent).

Manch einer mag sich an dieser Stelle fragen: "Unsinn - der Erfolg hängt von verschiedenen Faktoren ab. Man braucht eine anfängliche finanzielle Investition, eine wohlhabende Familie und Kontakte, und es ist sogar von Vorteil, wenn man in der Lage ist, andere Personen zu übertreffen". Wenn Sie das glauben, habe ich eine schlechte Nachricht für Sie! Sie gehören zu den Menschen, die glauben, die Erfolgsformel sei "Haben. Machen. To Be.".

Vielleicht denken Sie sich: "Wenn ich ein Startkapital, prominente Freunde und gute Ideen hätte, würde ich eine Firma gründen, investieren, etwas erschaffen oder patentieren lassen, und ich wäre zufrieden (reich, erfolgreich, geliebt, etc.). Das alles fehlt mir jedoch, weshalb ich nicht so erfolgreich bin, wie ich es gerne wäre." Was ist an diesem Bild falsch? Sicherlich ist Ihre Formel verkehrt herum.

In Wahrheit ist das Gegenteil der Fall: Sie müssen zunächst Selbstvertrauen, Verantwortungsbewusstsein, Ehrgeiz und Hartnäckigkeit entwickeln und dann handeln (etwas schaffen, wachsen, Risiken eingehen, weitermachen usw.), um hohe Leistung, Erfolg, Wohlstand und Anerkennung zu erreichen.

Es gibt eine einfache Technik, um Ihre derzeitige Fähigkeit, Geld anzuziehen und zu behalten, zu erhalten:

1. Berechnen Sie zunächst Ihr aktuelles Kapital (unbewegliches und bewegliches Vermögen, Geldkonten und Wertpapiere);

2. Ziehen Sie alle bestehenden Schulden (Darlehen, Leasing usw.) von diesem Gesamtbetrag ab;

3. Teilen Sie die Gesamtsumme durch die Anzahl der Jahre, in denen Sie erwerbstätig waren;

4. Ziehen Sie das Ergebnis von 12 ab.

Die sich daraus ergebende Zahl gibt den durchschnittlichen Geldbetrag an, den Sie bisher pro Monat verdient haben. Der Rest Ihres Verdienstes wurde unter anderen aufgeteilt (Restaurants, Geschäfte, Reisebüros, Banken, Tankstellen usw.).

Die Menschen beklagen oft, dass sie ihren Lebensunterhalt nicht verdienen können. Bezahlen die Arbeitgeber wirklich zu wenig?

Kennen Sie das Gefühl oder den Gedanken, dass Sie mehr Geld hätten, wenn Ihr Arbeitgeber nur Ihr Gehalt erhöhen würde?

Eine Gehaltserhöhung ist jedoch weder erforderlich noch notwendig. Warum eigentlich?

Weil sich die meisten Menschen an das Parkinsonsche Gesetz halten: "Die Kosten steigen so lange, bis sie dem Einkommen entsprechen." Die erste Voraussetzung für finanziellen Erfolg besteht darin, die Gewohnheit zu kultivieren, ständig gegen das Parkinsonsche Gesetz zu verstoßen.

Wie lange sind Sie schon Angestellter?

Wie oft hat man Ihnen in dieser Zeit den Lohn erhöht?

Wie nahe waren Sie in dieser Zeit der finanziellen Unabhängigkeit?

Oder sind Sie vielleicht umgezogen? Vielleicht sind mit dem Anstieg Ihres Einkommens auch Ihre Schulden gestiegen?

Vielleicht werden Sie auf eine Art und Weise unter Druck gesetzt, wie Sie noch nie zuvor unter Druck gesetzt wurden?

Vielleicht zögern Sie, etwas zu unternehmen, weil Sie es sich nicht leisten können, Ihr Einkommen auch nur vorübergehend zu reduzieren, weil Banken und Leasingfirmen an Ihre Tür klopfen?

Wenn dies auf Ihre Situation zutrifft, dann sind Ihre Arbeitgeber nicht schuld daran, dass Sie unzureichend bezahlt werden. Es liegt allein an Ihrem Verhalten, dass Sie in das "Hamsterrad" hineingezogen wurden. Sie müssen dieses Rad ständig am Laufen halten, denn wenn es auch nur für den Bruchteil einer Sekunde stillsteht, wird Ihr ganzes Leben wie ein Kartenhaus zusammenbrechen.

KAPITEL 7.

Finanzielle Vorsätze für Investitionen.

Wenn Sie seit Ihrem neunten Lebensjahr Vorsätze gefasst haben oder dies Ihr erstes Jahr ist, habe ich einige Vorschläge, die über die Standardvorsätze "gesünder werden" und "mehr Ordnung schaffen" hinausgehen.

Im Jahr 2021 ist der drittbeliebteste Neujahrsvorsatz, mehr zu sparen und weniger auszugeben. Ich bin sicher, dass diejenigen, die diesen Vorsatz gefasst haben, die besten Absichten hatten. Aber wenn man genauer ist, kann man bessere Ergebnisse erzielen. Hier sind fünf Vorschläge, die Ihnen den Einstieg erleichtern:

1. Sparen Sie in diesem Jahr mehr Geld als im letzten Jahr.

Dieser Vorsatz, der nach dem Vorsatz, gesund zu werden, der zweitwichtigste ist, hat das Potenzial, Ihr Leben am meisten zu verändern. Es gibt viele Aspekte in dieser Welt, über die Sie keine Kontrolle haben. Jeden Tag geht ein "sicherer" Arbeitsplatz verloren.

Jedes Jahr erleben die Aktienmärkte ein Auf und Ab. Jede Woche geht ein "wichtiger" Verkauf verloren. Wenn Sie Ihre Zeit damit verbringen, zu versuchen, Dinge zu ändern, die Sie nicht kontrollieren können, werden Sie ein extrem frustrierendes Leben haben.

Sie haben die volle Kontrolle darüber, wie viel Geld Sie sparen. Ob Sie nun für ein Haus, den Ruhestand oder einen Traumurlaub sparen oder nicht, es gibt immer mehr Geld zu sparen. Wenn Sie im letzten Jahr nichts gespart haben, sollten Sie im Jahr 2021 damit beginnen, jeden Monat 50 Dollar zu sparen. Wenn Sie bereits fleißig sparen, ist dies das Jahr, in dem Sie Ihre Ersparnisse aufstocken.

Das ist einer meiner Vorsätze für die letzten zwei Jahre gewesen. Ich habe von nichts auf etwa 1000 Dollar pro Monat gespart. Ich lege Geld für ein neues Auto, ein neues Haus, Urlaub und den Ruhestand zurück. Ich sage das nicht, um zu prahlen, sondern um zu zeigen, dass es machbar ist.

Wie soll ich das bewerkstelligen?

Ich mache das mit Hilfe von Technologie (auf die wir gleich noch zu sprechen kommen werden) und einem Partner, der mir gegenüber verantwortlich ist. Das Einstellen von Erinnerungen und das Automatisieren von Abhebungen von meinem Bankkonto zwingen mich zum Sparen, und einen Freund zu haben, der mich ständig daran erinnert, ist ein echter Vorteil. Wenn Sie einen Partner brauchen, zögern Sie nicht, sich mit mir in Verbindung zu setzen. Ich würde mich freuen, Ihnen helfen zu können.

2. Zahlen Sie einen Ihrer Kredite ab.

Schulden sind eine Qual. Schulden zu tilgen ist noch unangenehmer. Leider liegt die Verschuldung von Anfang 20-Jährigen zwischen 12.000 und 78.000 Dollar bei 28- und 29-Jährigen. Wenn Sie Anfang zwanzig sind, sollten Sie sofort mit der Rückzahlung der Schulden beginnen, bevor sie unüberschaubar werden. Wenn Sie Ende zwanzig sind, nehmen Sie sich vor, Ihre Schulden zu tilgen, bevor Sie das reife Alter von dreißig Jahren erreichen.

Dies ist ein hervorragender Vorsatz, denn Sie können ihn so schwierig gestalten, wie Sie wollen. Vielleicht haben Sie noch 500 Dollar Schulden auf Ihrer Kreditkarte, die Sie beim Weihnachtseinkauf gemacht haben. Sie können diesen Betrag abbezahlen und diesen Vorsatz in wenigen Tagen von Ihrer Liste streichen.

Wenn Sie nach einer schwierigeren Herausforderung suchen, haben Sie vielleicht ein Studentendarlehen in Höhe von 10.000 Dollar. Wenn Sie sich vornehmen, bis Ende 2016 jeden Monat 833,33 Dollar zu tilgen, um Ihren Studienkredit zu tilgen, werden Sie sich wie ein Sieger fühlen. Ganz zu schweigen davon, wie toll es sich anfühlen wird, wenn es abbezahlt ist.

Ich empfehle Ihnen, Ihre finanzielle Situation zu prüfen und eine Schuld zu wählen, die sowohl machbar als auch bedeutend ist. Bestimmen Sie die monatliche Rate, die Sie zum Schuldenabbau benötigen, und halten Sie sich daran.

Bei vielen Kreditkartenanbietern und Rechnungseintreibern können Sie eine automatische monatliche Wiederholungszahlung einrichten. Notieren Sie sich diese und vergessen Sie sie. Dann sind Sie im Jahr 2016 der finanziellen Unabhängigkeit um eine Kreditrate näher.

3. Stellen Sie Ihr Budget auf oder ändern Sie es

Ich bin ein überzeugter Verfechter von Budgets. Ich bin der Meinung, dass jeder, selbst die Superreichen, ein Budget haben sollte. Budgets zwingen Sie dazu, sich über Ihre finanzielle Situation, Ihr Ausgabevolumen und Ihre Prioritäten klar zu werden.

Wenn Sie freitagabends gerne ausgehen, sollten Sie unbedingt eine Budgetkategorie für den Freitagabend einrichten. Wenn Sie sich einen neuen Lexus anschaffen möchten, legen Sie eine Budgetkategorie mit dem Namen Lexus-Fonds an.

Wenn Sie kein Budget haben, sollten Sie das Jahr 2021 nutzen, um es zu versuchen. Ich garantiere Ihnen, dass Sie sich in Bezug auf Ihre Finanzen und Ihre Zukunft sicherer fühlen werden und mehr Spaß haben werden als im letzten Jahr. Wenn Sie bereits ein erfahrener Haushaltsplaner sind, sollten Sie Ihr Budget überprüfen, um festzustellen, ob sich Ihre Ziele verschoben haben.

Ich weiß, dass ich letztes Jahr mein Budget für Abende mit Freunden gekürzt habe, um für einen größeren Urlaub zu sparen. Ich hatte letztes Jahr eine fantastische Zeit im Urlaub, und ich habe nichts Wesentliches verpasst, weil ich ein paar Freitagabende mit meinen Freunden verpasst habe.

4. Nutzen Sie die Technologie, um Ihre finanziellen Ziele zu erreichen

Wir können uns glücklich schätzen, dass wir die erste Generation sind, die vollständig mit der digitalen Welt vertraut ist. Wir wissen, wie wir das Internet effektiv und effizient nutzen können, um unser Leben zu verbessern (zu vereinfachen?). Apps sind aus unserem täglichen Leben nicht mehr wegzudenken (versuchen Sie einmal, einen Ort ohne Google Maps zu finden). Es ist höchste Zeit, dass unsere Finanzen mit dem Rest unseres technologischen Lebens Schritt halten.

Was auch immer Ihre finanziellen Ziele sind, die Technologie kann Sie dabei unterstützen. Personal Capital oder Mint sind Budgetierungsprogramme, die Ihnen bei der Erstellung oder Änderung Ihres Budgets helfen können. Investitionsprogramme wie Robin Hood, Wealthfront, Betterment oder My Pathway können Sie bei Ihren zukünftigen Investitionen unterstützen. Ganz zu schweigen von dem riesigen Netzwerk von Finanzberatern, die der Generation X&Y gerne helfen.

Nutzen Sie Ihr Telefon für andere Zwecke als Facebook, Snapchat und das neueste Spiel, und Sie werden im nächsten Jahr vielleicht ein bisschen reicher sein.

5. Machen Sie sich mit den Grundlagen des Investierens vertraut

Wenn Sie die vorangegangenen Schritte abgeschlossen haben, ist der nächste Schritt, sich Wissen über das Investieren anzueignen oder zu verbessern. In seiner einfachsten Form ist das Investieren der Prozess, bei dem Sie Ihr Geld einsetzen, um andere Mittel zu generieren.

Investieren kann so anspruchsvoll oder so einfach sein, wie Sie wollen. Meiner Meinung nach sollten Sie niemals in etwas investieren, das ein Zehnjähriger nicht verstehen kann. In welche Richtung Ihre Investitionen auch immer gehen, beginnen Sie mit den Grundlagen.

KAPITEL 8.

Ein Home-Based Business ist die beste Option für Ihre finanzielle Freiheit.

Sicherlich wünschen sich die meisten von uns, mehr Geld im Leben zu haben. In der Regel bedeutet dies, einen zweiten Job anzunehmen oder ein eigenes Unternehmen zu gründen.

Ich bin zu dem Schluss gekommen, dass ein tragfähiges Unternehmensmodell von zu Hause aus der richtige Weg ist, vor allem, wenn die Anlaufkosten, die Betriebskosten und die Gemeinkosten niedrig sind. Jetzt müssen wir die Art des Unternehmens und das Produkt oder die Dienstleistung auswählen, die wir vermarkten wollen.

Denken Sie an Folgendes: Wir bieten Gesundheits-, Diät- und Nahrungsergänzungsmittel, ermäßigte medizinische und zahnmedizinische Behandlungen, ermäßigte Rechts- und Anwaltsdienstleistungen, Kosmetika und Kerzen sowie praktisch alles dazwischen an.

Die große Mehrheit dieser Organisationen, die diese Produkte und Dienstleistungen verkaufen, verlangen von Ihnen, dass Sie eine Liste von Freunden und Verwandten erstellen, "Hauspartys" oder Treffen veranstalten, zahlreiche Kaltakquise betreiben und ein großes Netzwerk von Vertriebshändlern unter Ihnen aufbauen.

Betrachten wir das vorangegangene Szenario. Das am weitesten verbreitete MLM-Geschäftsmodell für den Heimgebrauch ist der Verkauf von Gesundheits- und Ernährungsprodukten. Hey, ich bin für einen gesunden und aktiven Lebensstil, und Nahrungsergänzungsmittel sollten Teil der täglichen Routine eines jeden sein.

Das Problem bei den meisten MLM-Organisationen, die für diese Produkte werben, sind die hohen Kosten/Preise sowie der Hype und die großen Behauptungen, die über ihr "neuestes und großartigstes" Wunderpräparat aufgestellt werden... egal, ob es sich um eine Diätpille, ein Pulver, einen Trank oder ein Wundergetränk handelt.

Obwohl es sich dabei um Produkte handelt, die sehr leicht zu konsumieren sind, verlangen Sie von den Menschen, dass sie ihren Lebensstil ändern, um etwas zu bekommen, das sie brauchen, aber vielleicht nicht unbedingt wollen. Das kann eine ziemliche Herausforderung sein, vor allem, wenn man Produkte von vergleichbarer Qualität vergleicht, die anderswo zu einem deutlich niedrigeren Preis erworben werden können.

Außerdem sind die oben erwähnten Produkte und Dienstleistungen sowie die Organisationen, die sie anbieten, mit vielen Komplikationen behaftet. Entweder klingen sie im Prinzip und auf dem Papier fantastisch, sind aber in der Praxis unzureichend und können mit einigen Bedingungen verbunden sein.

Das Hauptproblem besteht darin, dass es extrem schwierig ist, das Verhalten der Menschen zu ändern, zumal die meisten Menschen es verabscheuen, "Dinge" zu verkaufen und ihre Freunde und Familie zu nerven.

Das perfekte Heimgeschäft sollte erschwingliche Anfangskosten haben, es Ihnen ermöglichen, den größten Teil Ihrer Geschäfte von zu Hause aus zu tätigen (in der Regel über das Internet), Sie müssen nicht Hunderte von Menschen anrufen, Ihre Familie und Freunde nicht belästigen und Sie müssen keine Produkte lagern/vorhalten.

Es sollte ein Produkt oder eine Dienstleistung sein, die die Menschen WOLLEN und begehren, nicht nur BRAUCHEN. Die Menschen sind ständig auf der Suche nach Wissen, das ihnen hilft, ein Problem oder eine Frage in ihrem Leben zu lösen. Was ist ein Gegenstand, von dem sich jeder wünscht, mehr zu haben?

Geld ist die offensichtlichste Option. Ein Produkt, das Menschen mit den notwendigen Werkzeugen und Kenntnissen ausstattet, um im

Marketing, dem Lebenselixier jedes Unternehmens, erfolgreich zu sein, ist ein kostbares Gut.

Eine weitere wichtige Überlegung ist der Vergütungsplan. Sie wollen einen Vergütungsplan, der für jede Transaktion eine ansehnliche Prämie vorsieht. Vergessen Sie diese Micky-Maus-Vergütungsprogramme, die Ihnen 5, 10 oder 20 Dollar pro Transaktion zahlen. Das ist einfach nicht ausreichend.

Um Ihren Lebensunterhalt zu verdienen, müssen Sie eine große Anzahl von Verkäufen tätigen. Sie wollen ein Vergütungssystem, das schnell zu einem Gewinn führt. Schließlich ist unsere Zeit kostbar und begrenzt.

KAPITEL 9.

Stellen Sie Ihr Mindset auf Erfolg um, um ein 7-stelliges Einkommen zu erzielen.

Es ist kein Geheimnis, dass Leads entscheidend für Ihr Geschäft sind, aber was nützen Ihnen dreihundert Leads pro Tag, wenn Sie mental nicht für den Erfolg gerüstet sind?

Wenn Sie eine Armutsmentalität haben und Ihnen die Führungsqualitäten fehlen, die Sie brauchen, um sich am Telefon zurechtzufinden, spielt es keine Rolle, wie viele Leads Sie kontaktieren, denn KEINER von ihnen wird sich Ihnen anschließen!

Ich weiß, dass das Konzept der "Mentalität" nicht gerade sexy ist. Jeder würde viel lieber die neuesten und besten Marketingstrategien studieren, um regelmäßig Leads zu bekommen, aber Leads bedeuten absolut NICHTS, wenn Ihr Geist nicht stimmt.

Wie können Sie also Ihre Gedanken richtig einstellen?

Was machen die Spitzenverdiener mit ihren Gedanken, um schnell und einfach eine unendliche Menge an Geld in ihr Geschäft zu bringen, während neunzig Prozent der Menschen in diesem Bereich weniger als zehn Dollar pro Woche verdienen?

Lassen Sie uns auf dieses so wichtige Thema eingehen, denn es ist das wichtigste Element des gesamten Prozesses, ein erfolgreicher Unternehmer zu werden, und es ist der EINZIGE Grund, warum Menschen scheitern.

Ihr Verstand ist das Mächtigste auf der Welt, was Sie sich zunutze machen können. Er kann Ihr größter Verbündeter sein, der Ihnen dient und alles liefert, was Sie brauchen, um ein Leben ohne Grenzen zu schaffen. Er kann aber auch Ihr schlimmster Feind sein, der immer wieder Schwierigkeiten, Schmerz und

Probleme in Ihr Leben zieht. Ihr Verstand ist derjenige, mit dem Sie in diesem Leben die meisten Gespräche führen werden, und SIE können wählen, welche Art von Verbindung Sie mit ihm haben.

Versteht, dass ihr insgesamt hundert Prozent Kontrolle über eure bewussten Gedanken habt. Ja, so mächtig ist das! Das ist von enormer Bedeutung, denn Ihre bewussten Gedanken formen täglich Ihr Unterbewusstsein, eine Kraft, die Sie und ich nicht einmal vollständig ergründen können.

Ob Sie wach sind oder schlafen und ob Sie sich dessen bewusst sind oder nicht, Ihr Unterbewusstsein arbeitet immer im Einklang mit der Welt, um Ihnen das zu liefern, worauf sich Ihre bewussten Gedanken konzentrieren.

Es ist Ihre Pflicht, Ihre Gedanken wie ein Falke zu beobachten. Als Unternehmer können Sie es sich nicht leisten, sich auf Mangel, Negativität oder Sorgen zu konzentrieren, erst recht nicht, wenn Sie gerade erst in dieses Geschäft eingestiegen und pleite sind, denn dadurch werden Sie noch mehr davon anziehen.

Das wird Sie und Ihr Unternehmen zerstören, noch bevor Sie anfangen.

Sie sind kein Angestellter, und Sie müssen diese Angestelltenmentalität ablegen. Angenommen, Sie wollen die Ergebnisse erzielen, die Sie sich im Leben wünschen. In diesem Fall müssen Sie anfangen, wie ein erfolgreicher Unternehmer zu denken. Das können Sie erreichen, indem Sie sich regelmäßig mit Schulungsmaterial beschäftigen, das Sie stärkt, Ihnen hilft, Selbstzweifel zu überwinden, und Sie ermutigt, sich Größeres vorzustellen.

In jeder Sekunde des Tages bringen Sie Ihre Gedanken entweder Ihren Zielen näher oder entfernen sich von ihnen. Im Leben geht es entweder vorwärts oder rückwärts; es gibt kein Dazwischen.

Erfolgreiche Millionäre in unserer Branche sind sich dessen bewusst und haben Jahre damit verbracht, ihr Denken zu verfeinern. Sie haben alle Selbstzweifel besiegt. Sie haben ihre Führungsqualitäten verfeinert. Sie befinden sich ständig in einem Zustand des "Flow", was sehr schön ist.

Spitzenverdiener ziehen die Ressourcen an, die sie brauchen, um ihre Ziele zu verfolgen. Sie ziehen diese Dinge durch ihr Unterbewusstsein an, das sie durch bewusstes Denken steuern.

Betrachten Sie Ihr Unterbewusstsein als eine völlig leere Tafel, die alle Gedanken aufnimmt, die Ihr Bewusstsein ihr zuführt. Ihr Unterbewusstsein wird unermüdlich arbeiten und sich mit der Welt verbinden, um Ihre bewussten Gedanken zu manifestieren, und es scheitert nie.

Die beste Nachricht ist, dass Sie zweifellos die Ergebnisse und Ziele erreichen können, die Sie sich wünschen, und zwar auf dieselbe Weise, wie es die Spitzenverdiener getan haben! Die Arbeit an Ihrem Denken, die leichter gesagt als getan ist, erfordert jahrelanges Studium, Übung, Ausdauer und harte Arbeit. Sie ist auch notwendig, wenn Sie im Laufe Ihres Lebens finanzielle Unabhängigkeit erreichen wollen!

Entwickeln Sie eine tägliche Gewohnheit, ständig an Ihrem Verstand zu arbeiten, Ihre Denkweise zu ändern und neu zu verdrahten, um erfolgreich zu sein und Ihr Millionaire Mindset zu entwickeln. Sie tun dies, indem Sie einem Mastermind beitreten, Ihr Gehirn ständig mit positiven Gedanken füttern und sich der Arten von Gedanken bewusst sind, die Sie Ihrem Unterbewusstsein in jeder Sekunde eines jeden Tages eingeben.

Dies ist ein brutaler Kampf, den Sie allein gewinnen können. In der Tat würde jeder große Unternehmer einer Mastermind-Gruppe oder einer Reihe von Mentoren dafür danken, dass sie ihm dabei geholfen haben, seinen Verstand zu formen, der direkt für seinen Erfolg verantwortlich ist. Wie viele Leads Sie auch generieren, ohne diese Komponente werden Sie scheitern, wenn Ihr Geist nicht darauf eingestellt ist. Wenn Sie ein bedürftiger Mensch sind, ist dies die einzige Erklärung.

SCHLUSSFOLGERUNG.

Warum arbeiten manche Menschen ihr ganzes Leben lang hart und bleiben finanziell unsicher (arm), obwohl sie sich in finanzieller Freiheit entspannen sollten? Liegt es daran, dass sie nicht dafür geboren wurden, dass sie es schaffen, dass sie nicht in der Lage sind, für sich selbst zu denken, oder dass ihnen die Grundlagen der finanziellen Intelligenz fehlen?

Finanzielle Intelligenz oder finanzielle Bildung ist ein schrittweiser Prozess, bei dem man lernt, wie man mit seinem Geld umgeht, um schuldenfrei zu leben und finanziellen Komfort, wenn nicht sogar Freiheit zu erlangen, unabhängig davon, wie wenig man verdient. Mit anderen Worten: Finanzielle Bildung ist die Fähigkeit, Zahlen zu lesen und die Dynamik und die Operationen des Geldes zu verstehen.

In jeder Gesellschaft ist finanzieller Erfolg vor allem eine Frage der Einstellung. Mit anderen

Worten, er wird durch die Einstellung einer Person zur Zeit bestimmt, die als "Zeitperspektive" bezeichnet wird.

Menschen, die finanziell erfolgreich sind, haben in der Regel eine langfristige Perspektive. Sie organisierten ihre täglichen, wöchentlichen und monatlichen Aktivitäten mit Blick auf die Zukunft. Sie betrachteten die Zukunft fünf, zehn und zwanzig Jahre im Voraus. Sie verteilten ihre Ressourcen und trafen ihre Entscheidungen auf der Grundlage ihrer Auswirkungen auf den gewünschten Zustand in vielen Jahren.

Auf der anderen Seite haben diejenigen, die finanziell erfolglos sind, in der Regel einen kurzen Zeithorizont. Sie schenken der Langfristigkeit nur wenig Beachtung. Sie schätzten die schnelle Befriedigung gegenüber langfristigen Erfolgen und Leistungen. Sie konzentrierten sich eher auf kurzfristiges Vergnügen. Infolgedessen trafen sie kurzfristige Entscheidungen, die zu langfristigen Schwierigkeiten führten.

Ein weiterer Grund, warum viele Menschen mit finanzieller Unsicherheit zu kämpfen haben, ist ihre Neigung, sich eher um die Angelegenheiten anderer zu kümmern als um ihre eigenen. Viele Menschen arbeiten hart an ihrem Arbeitsplatz (als Arbeitnehmer), nur um einen Gehaltsscheck zu erhalten (was ihnen ein falsches Gefühl der Sicherheit vermittelt). Andere wiederum arbeiten extrem hart an ihrer geschäftlichen und finanziellen Entwicklung, um zukünftige finanzielle Probleme zu bewältigen, wenn sie auftreten.

Ein Sprichwort besagt: "Wer in seinem Beruf hart arbeitet, wird seinen Lebensunterhalt verdienen, und wer hart an sich arbeitet, wird ein Vermögen verdienen." Es ist also besser, härter an sich selbst zu arbeiten und ein schönes Vermögen anzuhäufen, als hart an seinem Job zu arbeiten und ein Gehalt zu verdienen.

Mit anderen Worten: Man kann nicht arbeiten und hoffen, finanziell unabhängig zu werden. Daher muss man in der Lage sein, kreativ zu denken, insbesondere im Bereich der Finanz- und Geldverwaltung.

Finanzielle Bildung basiert auf drei grundlegenden finanziellen Werten:

- Sicherheit
- Fähigkeit zum Komfort
- Reichtum/Freiheit.

Bevor wir von finanzieller Freiheit sprechen können, brauchen wir einen Plan, der uns die grundlegende Sicherheit für Nahrung, Kleidung und Wohnung bietet und uns ein angenehmes Leben ermöglicht (damit wir uns andere Annehmlichkeiten kaufen können).

Die gute Nachricht ist, dass man automatisch wohlhabend wird, wenn man einen soliden Plan hat und sich an diesen hält, indem man sich das notwendige Wissen aneignet und anwendet. Finanzielle Freiheit/Reichtum, der durch umsichtige Finanzplanung erreicht wird, entsteht nicht über Nacht, sondern im Laufe der Zeit.

Unabhängig davon, was Sie lernen, gibt es immer einen starken Zusammenhang zwischen dem finanziellen Verständnis und der Qualität der Finanzplanung. Sie werden immer davon ausgehen, dass Sie umso wohlhabender werden, je mehr Wissen Sie haben, wenn Sie Vermögen erwerben. Andererseits kostet Sie Unwissenheit weiterhin Geld.

Bedauerlicherweise sucht in der heutigen Jet-Ära jeder nach einer schnellen Lösung für seine Geldprobleme. Niemand wünscht sich eine verspätete Befriedigung, die ein notwendiger Bestandteil echten langfristigen Reichtums ist.

Seien Sie nicht naiv und glauben Sie nicht, dass Ihre finanziellen Schwierigkeiten gelöst wären, wenn Sie einen besseren Job bekämen (was höchst unwahrscheinlich ist) oder eine schnelle Lösung, die es nicht gibt. Sie müssen die richtigen Schritte unternehmen, um Ihre finanzielle Situation zu verstehen.

Es ist also nie zu spät für jeden, der seine finanziellen Kenntnisse und Fähigkeiten erweitern möchte, um finanzielle Unabhängigkeit zu erreichen. Es ist wichtig für Ihre finanzielle Zukunft.

Vielen Dank fürs Lesen

Serie: Finanzielle Freiheit in jedem Alter

1. Finanzielle Freiheit in Ihren 20ern erreichen
2. Finanzielle Freiheit in den 30er Jahren
3. Erreichen der finanziellen Freiheit in den 40ern
4. Finanzielle Freiheit in den 50ern erreichen
5. Finanzielle Freiheit in den 60ern erreichen
6. Finanzielle Freiheit in den 70ern und darüber hinaus.
7. Finanzielle Freiheit bei Kindern erreichen
8. Finanzielle Freiheit bei Teenagern erreichen
9. Finanzielle Freiheit bei Studenten erreichen.

www.ingramcontent.com/pod-product-compliance
Lightning Source LLC
Chambersburg PA
CBHW071147240526
45465CB00024BA/1809